DECLARATION

DV ROY ET AR[...]

Conseil d'Estat de sa Maj[...]
le restablissement des droi[...]ce, de
douze deniers pour liure à prendre sur
les prix de vente des Cendres & Grauelées qui seront venduës en gros par
tonne desdites Cendres, & par piece
desdites Grauelées, en la ville, fauxbourgs & banlieuë de Paris.

Verifiée en la Cour des Aydes le dernier
de Decembre 1629.

A PARIS,

Par ANTOINE ESTIENE, P. METTAYER.
& C. PREVOST, Imprimeurs
ordinaires du Roy.

M. DC. XXX.

Auec Priuilege de sa Majesté.

ARREST DV CONSEIL

d'Eſtat, par lequel il eſt ordonné que les Cendres & Grauelées ſeront d'oreſnauant compriſes auec les marchandiſes ſubietes au droict d'Ayde, & que ledit droict ſera leué & perceu par le Fermier General deſdites Aydes.

E Roy s'eſtant fait repreſenter les Tarifs & Pancartes contenans les droicts qui ſe leuent par ſes Fermiers Generaux des Aydes, ſur les denrées & marchandiſes entrant en la ville, fauxbourgs & banlieuë de Paris: & ayant trouué que par inauertance les Cendres & Grauelées dont il ſe fait grand trafic, auoient eſté obmiſes deſdits Tarifs & Pancartes, bien qu'elles deuſſent eſtre compriſes, ſçauoit celle deſdites Cen-

dres sous le droict de Busche , & les Grauelées sous le droict de vin , A ORDONNE'
& ordonne que lesdites Cendres & Grauelées seront d'oresnauant comprises auec les
marchãdises subjettes au droict d'Ayde , &
que le droict en sera leué & perceu par le
Fermier General desdites Aydes , à raison
de douze deniers pour liure du prix auquel
le tonneau desdites Cendres & Grauelées
sera vendu & debité en ladite ville , fauxbourgs & banlieuë de Paris. Et à ceste fin
veut sadite Majesté qu'il en soit fait men-
tion dans le Bail General desdites Aydes
qui sera renouuelé à Maistre Guillaume
Menant, à la charge aussi que le prix dudit
Bail des Aydes sera augmenté par chacun
an de telle somme raisonnable qui sera ar-
bitrée par sa Majesté. Fait au Cõseil d'Estat
du Roy tenu à Paris le vingtiéme iour de
Ianuier mil six cens vingt-sept.

Signé,   CORNVEL.

DECLARATION DV ROY

portant restablissement des droicts d'entrée, de douze deniers pour liure à prendre sur le prix de vente des Cendres & Grauelées qui seront venduës en gros par tonne desdites Cendres, & par piece desdites Grauelées, entrans en la ville, fauxbourgs & banlieuë de Paris.

LOVIS par la grace de Dieu Roy de France & de Nauarre, A tous ceux qui ces presentes Lettres verront, Salut. Nous ayant esté representé en nostre Conseil le grand trafic qu'il se fait au fournissement general des Cendres communes, & des Grauelées qui sont ordinairement conduittes & apportées tant par eau que par terre, aux ports, portes, lieux & endroits de nostre bonne ville de Paris, fauxbourgs & banlieuë d'icelle, tant par les marchands forains que aucuns particuliers de ladite ville, dont ils ne nous

payent comme ils deuroiĕt & faisoient encores en l'année mil six cés deux, les droiĉts
d'entrée, ainsi que les autres marchandises
& denrées qui y entrent continuellement,
estant chacun tonneau de Cendres à present vendu sur nos ports en gros vingt liures, & en detail reuendu vingt six liures;
& qu'il y a quantité de vins qui sont appor-
tez en nostredite ville qui ne sont vendus
sur les ports que vingt-quatre & vingt-six
liures le muid, dont il en est payé trois liures cinq sols d'entrée, & de plus, le Gros
& Huiĉtiémes qui montent encores autant : & ainsi que le tonneau desdites Cendres en comparaison de prix, est autant ou
plus vendu que lesdits vins : & que le fournissement du bois carré de la Busche, des
Cotrets, Fagots & Charbon qui se fait
chacũ an pour nostredite ville, se retrouue
pour satisfaire audit fournissement de Cē-
dres, grandement alteré & diminué par la
tres-grande quantité de bois que les forains & trafiquans d'icelles consomment
& font brusler incessamment dans les forests de Moruan, Creuan & autres forests
de diuerses prouinces, sans lequel degast
qu'ils font ainsi desdits bois esdites forests,

il viendroit & entreroit par an plus d'vn
tiers de toutes sortes de bois en nostredite
ville de Paris, qui en augmēteroit de beau-
coup les droicts d'entrée que nous paye la
ferme de la Buche , bois carré & autres
bois; & le public grandement soulagé , qui
en auroit par la quantité qui en viendroit,
de plus meilleur prix & condition d'achapt
d'iceux bois : Et que d'ailleurs , sous cou-
leur d'vne pretenduë franchise qu'ils di-
sent auoir d'ancienneté , sans titre neant-
moins , ils ont mis librement à tel prix que
bon leur a semblé lesdites Cendres & Grauelées, qu'anciennement n'estoiēt venduës
que les deux tiers de ce qu'ils les vendent
à present, & les bois peu rencheris , & encores lesdites Cendres la pluspart falsifiées
pour n'y auoir égard ny police sur lesdits
trafiquans, qui fait aussi que en peu d'années ils deuiennent grandement riches &
opulens au detriment de nos droicts qui
nous sont ainsi latitez, & au dommage dudit public, qui nous a fait voir & recognoi-
stre que ce a esté sans aucune apparence de
raison, que iceux marchands forains & trafiquans ont iouy iusques à present sans raison d'vne pretenduë exemption desdits

droicts d'étrée, qui nous en deuoient auoir
esté payez depuis ladite année mil six cens
deux : ce trafic estant des plus specieux en-
tre les denrées qui entrent en nostredite
ville de Paris , qui toutes nous payent &
sont contribuables ausdits droicts d'entrée.
Toutes lesquelles raisons & considerations
ayant esté meurement deliberées en nostre Conseil , par Arrest d'iceluy nostredit
Conseil du vingtiéme Ianuier mil six cens
vingt-sept cy-attaché, ladite leuée desdits
droicts sur lesdites Cendres & Grauelées
auroit esté resoluë & iugée raisonnable
d'estre remise & reimposée encores de nouueau. POVR CES CAVSES & autres à
ce nous mouuans, & sans auoir égard aux
priuileges cy-deuant pretendus par lesdits
trafiquans de Cendres, AVONS par ces presentes nos Lettres de Declaration confir-
matiues de l'Arrest de nostredit Conseil,
remis , restably & imposé , comme nous
mettons, restablissons & riimposons, vn
droict de douze deniers pour liure sur chacun tonneau de Cendres communes & ordinaires, & sur chacun tonneau ou boisseau
de Grauelées qui entreront à l'aduenir &
qui seront cy-apres conduittes & apportées

tées tant par eau que par terre en nostredite ville, fauxbourgs & banlieuë de Paris,
& qui entreront en nos ports, portes, lieux
& endroits d'icelle : lequel droict nous
voulons & entendons estre payé par tous
ceux qu'il appartiendra, délors que lesdit-
tes Cendres seront arriuées & exposées en
vente, ou deschargées pour estre mises en
magasins, sans que les marchands forains
& tous trafiquans desdites Cendres les puis-
sent vendre ny reuendre dauantage au
moyen de la presente imposition, plus que
le prix ordinaire pour tonneau en gros, &
en detail pour boisseau. Pour compenser
lesquels droicts d'entrée que nous payeront
ainsi d'oresnauant lesdits marchands forains & trafiquans d'icelles Cendres, leur
auons permis & permettons de pouuoir
vendre lesdites Cendres leur prix ordinaire
& accoustumé, Asçauoir vingt liures le
tonneau desdites Cendres en gros sur nos
ports, & vingt sols le boisseau en detail par
les Regratiers d'icelles: comme aussi sem-
blablement le tonneau & boisseau desdites
Grauelées, sans estre reglez comme ils de-
uroient, & la vente d'icelles remise à son
ancien prix, qui estoit de treize à quatorze

B

liures le tonneau , & treize à quatorze sols le boisseau. Au payement desquels droicts de douze deniers pour liure pour tonneau desdites Cendres & des Grauelées qui entreront comme dit est en nostredite ville, fauxbourgs & banlieuë de Paris, nous voulons à l'aduenir tous marchands forains & autres trafiquans desdites Cendres, estre tenus & contraints par toutes voyes deuës & raisonnables, & ainsi qu'il est accoustumé faire pour nos deniers & affaires , nonobstant oppositions ou appellations quelconques , pour lesquelles ne voulons estre differé, à commencer la leuée desdits droicts du iour de la verification des presentes : & lesquels droicts ayans de nouueau affermez , nous les aurions fait annexer & comprendre dans le Bail general de nos Aydes que nous auons cy-deuant fait à Maistre Guillaume Menant, pour estre à l'aduenir dependance & sous-ferme de nosdites Aydes comme les autres : auquel Bail dudit Menant , l'Arrest de nostredit Conseil est particulierement enoncé , lequel Arrest de nostredit Conseil & cesdites presentes nos Lettres de Declaration , vouloir & intention , voulons & entendons eſtre ſuiuie & entretenuë de point en point ſelon & ainſi qu'il eſt amplement porté & ſpecifié par icelles noſdites preſen-tes Par leſquelles , SI DONNONS EN MANDEMENT à nos amez & feaux Con-ſeillers les gens tenans noſtre Cour des Ay-des à Paris , icelles verifier , entheriner & faire enregiſtrer purement & ſimplement ſelon leur forme & teneur , ſuiuant & con-formemẽt la teneur dudit Arreſt de noſtre Conſeil, ſans aucune modification ny dif-ficulté. MANDONS à noſtre Procureur Ge-neral en requerir pour nous la verification, auec defenſes au grand Maiſtre General de nos Eauës & Foreſts & Officiers d'icel-les, & tous autres Iuges quelconques, de prendre n'y s'attribuer aucune Iuriſdiction ny cognoiſſance pour les contentions qui pourroiẽt arriuer au moyẽ du preſent eſta-bliſſement, & attribution deſdits douze de-niers pour liure ſur chacun tonneau deſ-dites Cendres & Grauelées, dautant que nous vous l'attribuons entierement par ceſdites preſentes: CAR tel eſt noſtre plai-ſir. DONNE' à Paris le dernier iour de Mars l'an de grace mil ſix cens vingt-huict, & de noſtre regne le dix-huitiéme. Signé, LOVIS,

Et sur le rèply, Par le Roy, LE BEAVCLERC, & seellé du grand Seau de cire iaune sur double queuë: Et à costé est écrit:

Leu, publié & registré par le comman-dement du Roy porté par Monsieur le Comte de Soissons, assisté du Sieur Ma-reschal de Bassompierre & des Sieurs de Roissy & de Bullion Conseillers és Con-seils d'Estat de sa Majesté: Oüy & ce consentant le Procureur General, à Pa-ris en la Cour des Aydes le trente-vniéme & dernier iour de Decembre l'an mil six cens vingt-neuf.

Signé,   DE LAISTRE.

CONCLVSIONS DE
*Monsieur le Procureur General du Roy
de la Cour des Aydes.*

E v les Lettres Patentes du
Roy en forme de Declara-
tion données à Paris le dernier Mars mil six cens vingt-
huict, signées sur le reply,
Par le Roy, LE BEAVCLERC, & seellées
sur double queuë du grand seel de cire
iaune, par lesquelles & pour les causes y
contenuës sa Majesté auroit remis, restably & reimposé vn droict de douze deniers
pour liure sur chacun tonneau de Cendres communes & ordinaires, & sur chacun tonneau ou boisseau de Grauelées qui
entreront, seront conduittes & apportées
tant par eau que par terre en ceste ville,
fauxbourgs & banlieuë de Paris, & qui
entreront és ports, portes, lieux & endroits d'icelle, ainsi que plus au long le
contiennent lesdites Lettres. L'Arrest du
Conseil y attaché sous le contre-seel du

vingtiéme Ianuier mil six cens vingt-sept, contenant ledit restablissement, & tout ce qui m'a esté communiqué : Ie requiers pour le Roy lesdites Lettres estre regi-strées au Greffe d'icelle selon leur forme & teneur.

DE MARLE.

LETTRES PATENTES

en forme de Iussion à la Cour des Aydes, pour le restablissement des droicts de douze deniers, à prendre sur le prix de vente des Cendres & Grauelées en-trans en la ville, fauxbourgs & ban-lieuë de Paris.

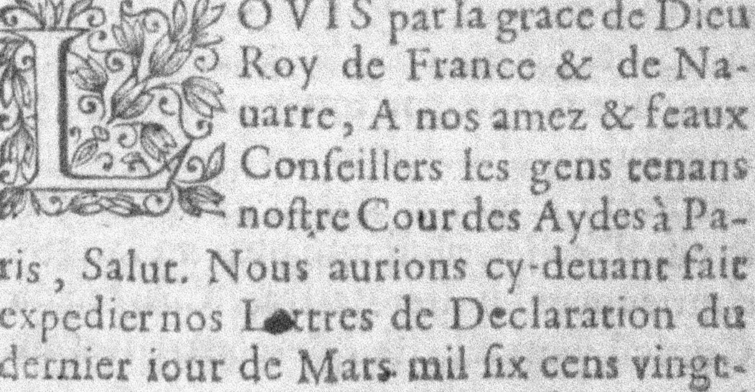

L OVIS par la grace de Dieu Roy de France & de Na-uarre, A nos amez & feaux Conseillers les gens tenans nostre Cour des Aydes à Pa-ris, Salut. Nous aurions cy-deuant fait expedier nos Lettres de Declaration du dernier iour de Mars mil six cens vingt-

huict, en suitte & en consequence de l'Arrest de nostre Conseil du vingtiéme Ianuier mil six cens vingt-sept à vous addres-
santes, par lesquelles nous vous mandiõs,
que les prix de la ferme generale de nos
Aydes, nous ayant grandement augmen-
tez aux charges & conditions d'y faire cõ-
prédre & reannexer de nouueau plusieurs
anciens droicts d'Aydes à nous deus, qui
par inauertance ont esté cy-deuant sursis
& obmis, d'estre reincorporez & remis
dans ladite Ferme generale de nos Aydes, pour estre encores leuez & payez
comme ils souloient antiennement : En-
tre lesquels droicts ainsi obmis, nous aurions recogneu, que les droicts d'entrée
de douze deniers pour liure leuez & payez
de toute antienneté sur les Cendres &
Grauelées entrans en gros par tonnes &
par pieces, par eau & par terre en nostre
ville, fauxbourgs & banlieuë de Paris,
tant par les marchands forains d'icelles,
que par ceux qui ont prattiqué & fait ce
commerce, & qui nous ont encores esté
payez és années mil cinq cés quatre vingt
dix-sept, dix huict, dix-neuf, six cens, six
cens vn & six cens deux, & depuis comme

dit eſt, par obmiſſion ſurſis , ſans qu'à l'oc-
caſion de noſdits droicts , leſdits marchãds
forains & trafiquans deſdites Cendres &
Grauelées durant le paſſé , les ayent ren-
cheries, ny miſes à plus haut prix qu'ils ſont
à preſent, qui eſt vingt liures la tonne deſdites Cendres, & trente liures la piece , qui
eſt vn demy muid de Grauelée , comme
plus amplement il eſt ſpecifié & mention-
né par noſtredite Declaratiõ. Lequel droict
ayans fait comprendre & inſerer dans le
Bail General de noſdites Aydes , de n'a-
gueres fait en noſtre Conſeil , à Maiſtre
Eſtienne Brioys Adiudicataire d'icelle,
vous auriez procedant à la verification &
enregiſtrement d'iceluy , au mépris de nos
vouloir & intétion portez par ledit Arreſt
de noſtre Conſeil & noſtre Declaration ,
fait refus de paſſer & entrer à la verification de l'article premier du Bail General
deſdites Aydes , contenant le reſtabliſſe-
ment de la leuée de noſdits droicts de douze deniers pour liure, à prendre ſur le prix
de vente en gros deſdites Cendres & Grauelées à luy affermez : Vous eſtans arreſtez
ſur de friuolles oppoſitions de cinq ou ſix
trafiquans de Cendres audit Paris , conte-

nant

nant, que le general & le particulier auoiēt
interest au restablissement desdits droicts à
cause du rencherissement qu'ils seroient
contraints de faire desdites Cendres , ioint
leurs pretendus priuileges : SVR QVOY pour
vous donner plus d'expresse intelligence
du contenu en nostredite Declaration,
Nous entendons que ces droicts d'entrée
soient seulement payez par les Marchands
forains & par lesdits trafiquans de Cendres
& de Grauelées, contre nous opposans , &
non par le public: car au contraire, par icelle Declaration nous leur faisons defenses
de les vendre ny rencherir plus que le prix
ordinaire & accoustumé qu'ils les vendent
à present, à peine de confiscation, dautant
que chacune tonne de Cendres ne leur re-
uient pas à huict liures arriuées qu'ils sont
sur nos ports à Paris, & ils les vendent
sur iceux ou en leurs Magasins, vingt liures
chacune tonne , & trente liures le demy
muid de Grauelées, qui est donc sur ce grãd
profit que nous entendons lesdits droicts
de douze deniers pour liure, estre pris & leuez ainsi qu'ils ont payé de toute antienneté, comme il se voit dans les antiennes Ordonnances de nos predecesseurs, droicts à

C

nous à preſent auſſi legitimement deus
comme ils eſtoient le temps paſſé : & non à
la foule du peuple, ainſi que vous croyez
ſur les dōnez à entendre deſdits cinq ou ſix
monopoleurs de nos droicts d'entrée trafiquans deſdites Cendres, ſans conſideration
du preiudice que vous faites en cela au re-
tardement de la perception d'iceux nos
droicts, à faute de iouïſſance deſquels nous
ſerions contraints de faire de grands dé-
dommagemens audit Brioys. A CES CAV-
SES nous vous mandons, commandons &
tres expreſſément enioignons par ces preſentes, que vous ayez incontinent & ſans
delay, à verifier & entheriner purement &
ſimplement, & ſans modification ny re-
ſtrinction, le premier article du Bail General dudit Brioys, contenant le reſtabliſſe-
ment du ſuſdit droict de douze deniers
pour liure d'entrée à Paris, ſur les prix à
quoy leſdites Cendres & Grauelées feront
venduës : Nonobſtant les remonſtrances
que nous pourriez faire ſur les oppoſitions
que les Preuoſt des Marchands & Eſche-
uins de noſtredite ville de Paris pour leſdits trafiquans de Cendres ſuſdits vous
peuuent auoir faites, que nous tenons pour

receuës & entenduës, & voſtredit Arreſt
de refus ſur ce par vous donné ſur le ſuſdit
premier article dudit Bail General des Aydes: dautant que par pluſieurs & diuerſes
fois leſdits droicts ont eſté cy-deuant reimpoſez par noſdits Predeceſſeurs, comme
nous les auons à preſent encores nouuelle-
ment reſtablis, remis & reimpoſez. Et en-
tant que beſoin eſt ou ſeroit, ſi aucunes re-
miſes, priuileges & ſurſeãces deſdits droicts
en ont eſté donnez par iceux noſdits Predeceſſeurs, nous les auons de noſtre plai-
ne puiſſance & autorité, reuoqué & re-
uoquons, & à iceux dérogé & dérogeons
pour ce regard. Voulons que ſans preiudice d'iceux tous ceux qui ſe trouueront re-
deuables à noſdits droicts d'entrée audit
Paris deſdits douze deniers pour liure, y
ſoient tenus & contraints par les meſmes
voyes que nos autres Aydes: Le tout ſans
attendre autre plus expres mandement ny
Iuſſion, ſuiuant & ainſi qu'il eſt porté par
nos dernieres Ordonnances verifiées: Car
tel eſt noſtre plaiſir. Mandons & commandons derechef à noſtre Procureur General en noſtredite Cour des Aydes, d'en
pourſuiure & requerir comme il a cy-deuãt

fait la verification de nosdites Lettres de Declaration, DONNE' à Fontainebleau le quatorziéme iour d'Octobre l'an de grace mil six cés vingt-neuf, & de nostre regne le vingtiéme, Signé, LOVIS, Et plus bas, Par le Roy, DE LOMENIE, & seellé du grand Seau de cire iaune sur simple queuë. Et à costé est écrit :

Leuë, publiée & registrée par le commandement du Roy porté par Monsieur le Comte de Soissons, assisté du Sieur Mareschal de Bassompierre, & des Sieurs de Roissy & de Bullion Conseillers és Conseils d'Estat de sa Majesté, à Paris en la Cour des Aydes le trente-vniéme & dernier iour de Decembre l'an mil six cens vingt-neuf.

Signé,   DE LAISTRE.

Collationné aux originaux par moy Conseiller Secretaire du Roy & de ses Finances.